<u>Table</u>

Rothschild

Emmanuel Macron devient banquier d'affaires en septembre 2008, dix jours seulement avant la chute de Lehman Brothers. Le jeune homme n'a alors que 30 ans et va gagner en quelques années seulement, malgré les soubresauts de la crise financière, son surnom de «Mozart de la Finance».

Macron fait partie de ces énarques satinés qui décrochent très vite de jolies fonctions dans le privé, plutôt que de poursuivre dans l'administration ou les cabinets ministériels. Après sa sortie de l'Ena (Ecole nationale d'administration), il a passé plusieurs années à «l'Inspection générale des Finances» tout en s'attirant les bonnes grâces de l'économiste Jacques Attali, qui le recommandera à François Henrot, le bras droit de David de Rothschild.

Macron intègre donc «Rothschild» qui est, avec sa concurrente «Lazard», l'archétype de la banque d'affaires. On y rentre stagiaire avant de gravir les échelons, frayant à travers les PowerPoint, les tableaux Excel et les nuits qui n'en finissent plus dans des bureaux feutrés. «Analyst», «manager», «assistant director», puis «director», «managing director» et «partner».

Le jeune énarque saute allègrement quelques étapes du *cursus honorum*. En deux ans, Macron est catapulté associé-gérant de la banque familiale – la crème de la crème. A en croire ceux qui ont travaillé avec lui, cette ascension fulgurante était amplement justifiée par ses qualités. François Henrot ne tarit plus d'éloges sur son ancienne recrue :

«Avec ce mélange, rarissime, surtout à un si jeune âge, de rapidité intellectuelle, de puissance de travail, de sûreté dans le jugement et de charme, il aurait été, s'il était resté dans le métier, un des meilleurs en France, sans doute même en Europe.»

Le charme fonctionne si bien que les quelques aigreurs provoquées par son arrivée soudaine sont vites oubliées. Macron progresse rapidement, n'hésite pas à questionner ses collègues sur certains outils financiers. Le jeune homme va conseiller de grandes entreprises dans leurs opérations de fusions-acquisitions. Il lui faut maîtriser des connaissances – juridiques, comptables, financières et fiscales – qu'il n'a pas forcément.

Dans la banque, la «fusacq» est considérée comme la voie royale des affaires. C'est de la haute voltige, qui demande de la réactivité, des réseaux et une grande tolérance à la caféine. Ce secteur cristallise tout l'imaginaire du business et de l'ambition. On y travaille tard pour des clients exigeants, sous la pression de montants importants. Il n'est pas rare qu'une opération fasse la une des journaux. Sur un gros coup, un jeune loup peut très vite sortir de l'anonymat.

Dans son passionnant livre-enquête «*Rothschild, une banque au pouvoir*», Martine Orange cite Macron qui reconnaît lui-même que les analystes sont parfois aveuglés par leurs habitudes : «*Le métier de banquier d'affaires n'est pas très intellectuel. Le mimétisme du milieu sert de guide.*»

Pour ceux qui tiennent le coup, le quotidien est peuplé de dossiers et de stabilos. Un associé doit tout savoir sur les entreprises et les secteurs qu'il laboure. Il lui faut lire les revues spécialisées (Agefi, Merger market, etc.), préparer les réunions et s'assurer que les présentations sont étincelantes de clarté. L'essentiel étant d'entretenir la confiance avec ses clients.

Tout cela, les rescapés de la «fusacq» vous le racontent avec profusion d'anglicismes. En « M&A » (« mergers and acquisitions »), il y a les « beauty contest» (mini-appels d'offres passés par une entreprise à l'attention de diverses banques) et le démarchage de «mandats» (des opérations demandées par les clients). Mais chacun retrouve son plus beau français lorsqu'il s'agit de vanter la culture d'entreprise de Rothschild, réputée peu tapageuse et familiale.

Selon François Henrot, la structure collégiale imposerait de fait une certaine retenue : «*Dans une commandite simple comme la nôtre, une faute d'un associé peut engager la responsabilité solidaire et illimitée de tous d'où l'importance du choix d'un nouvel associé. Pour Macron, la décision a été unanime, immédiate, évidente.*»

Dans cet environnement, Macron, le jeune qui plaît aux vieux, rencontre sa première heure de gloire. Il décroche ses premiers «mandats» – le critère de réussite dans les affaires.

Après de multiples rencontres avec Peter Brabeck, le patron de Nestlé croisé à la commission Attali, le banquier parvient à piloter le rachat des laits infantiles de Pfizer. La baston avec Danone est dantesque. La transaction est évaluée à neuf milliards d'euros. Grâce à son coup, Macron va se mettre «à l'abri du besoin jusqu'à la fin de ses jours» en 2012.

Le futur ministre de l'Economie s'est également occupé de Presstalis, de Sofiprotéol et de la reprise de Siemens IT par Atos, dirigée par l'ancien ministre de l'Economie Thierry Breton. Il est à chaque fois «conseiller acquéreur». Vers la fin de sa courte carrière de banquier, il s'intéresse particulièrement à l'agroalimentaire. Chez Rothschild, les associés-gérants n'ont pas de secteurs explicitement dédiés, mais chacun entretient ses clients et ses marottes.

Une partie de son temps est dédiée à «l'influence». Ainsi, il conseille « bénévolement» la société des rédacteurs du Monde (SRM), lorsque le trio Bergé, Niel et Pigasse s'apprête à reprendre le quotidien (dont les propriétaires sont aujourd'hui les mêmes que Rue89). La SRM demande à repousser la date de dépôt des offres.

Matthieu Pigasse, de la banque Lazard, est persuadé que David de Rothschild – proche de Nicolas Sarkozy et d'Alain Minc – essaie de lui faire des crocs-en-jambe. Macron dément, mais il reste soupçonné de favoriser Prisa, un groupe espagnol, qu'il conseillera un an plus tard lors d'une restructuration financière.

Chez Rothschild, consigne a été donnée de ne pas bavarder. Au lendemain de la nomination d'Emmanuel Macron au ministère de l'Economie, les collaborateurs de la banque sont assaillis par les médias et s'en tiennent à l'image du jeune génie de la finance, du mec sympa.

En effet, le charme est essentiel. Dans son livre, la journaliste Martine Orange raconte la fureur d'Edouard de Rothschild, à la fin des années 80, quand il découvre dans la presse un mariage entre deux entreprises. Comment se fait-il que la banque ne soit pas au courant? Les affaires doivent voir converger «tous les bruits, les projets, les rumeurs». Des années plus tard, rien n'a changé.

Propre sur soi, à l'image de Macron, la banque Rothschild est aussi – bien qu'elle s'en défende – très liée au milieu politique, tout comme sa concurrente Lazard. Tissées par des études communes et des amitiés forgées dans les cercles du pouvoir, ces liaisons fructueuses en font parfois « des ministères bis de l'Industrie et de l'Economie.» Le nom de Rothschild a d'ailleurs longtemps charrié des images d'empire financier, ce qui poussera les socialistes à nationaliser la banque en 1982. La nomination de Macron au gouvernement n'en est que plus ironique.

Lorsqu'il arrive chez Rothschild, Emmanuel Macron est déjà bien introduit. Il fréquente Jean-Pierre Jouyet, secrétaire général de l'Elysée qui a annoncé avec un sourire sa nomination au ministère, ou encore Jacques Attali (grâce à la commission du même nom). Mais François Henrot tient à préciser qu'il n'a pas recruté un «carnet d'adresses». Si Emmanuel Macron connaît aujourd'hui les principaux patrons français, il a dû s'appuyer à l'époque sur la réputation de la banque pour s'ouvrir des portes.

Avant Emmanuel Macron, c'est François Pérol qui incarnera ces accointances politiques en devenant secrétaire général adjoint de l'Elysée, après avoir travaillé chez Rothschild. L'entregent de Rothschild est démultiplié au point que le Nouvel observateur titrera «La banque du Président».

A chaque changement de gouvernement, Rothschild réussit donc à placer quelques collaborateurs dans les petits papiers du pouvoir. On appelle cela « se mettre au service». Macron est un ancien, mais il perpétue la tradition. Et il a laissé de tellement bons souvenirs que les banquiers ne sont pas près de l'oublier.

Bankable

Pour y parvenir, l'atout majeur du Macron est qu'il est très «bankable», comme l'écrit le magazine *Society*. «Bankable» auprès des médias qui le mettent à la une tandis que l'agence Havas Worldwide s'occupe de faire de lui le «people» politique incontournable.

«Bankable» auprès du Medef, l'instance faîtière du patronat dont le numéro deux Geoffroy Roux de Bézieux, lui voue une réelle sympathie, malgré la colère des patrons sur l'insuffisante réforme du droit du travail. Et «bankable» enfin auprès de ceux qui pourront financer son action, ou faire le lobbying adéquat pour s'assurer qu'il reste aux avants-postes, même en cas d'alternance après la présidentielle de 2017.

Les gourous de l'influence politico-économique que sont en France Jacques Attali (sous les ordres duquel il travailla), Alain Minc (dont il sollicite les conseils), Louis Gallois (auteur du rapport sur la compétitivité française remis en 2012) ou Jean-Pierre Jouyet (actuel secrétaire général de l'Elysée) lui sont acquis.

Les réseaux d'Emmanuel Macron ne sont en outre pas que parisiens, conformément à sa conviction que les réformes françaises doivent s'inspirer de l'étranger. Depuis son arrivée à Bercy, en août 2014, l'homme a sur-investi dans le monde anglo-saxon, tout en gardant le lien avec l'establishment industriel allemand via son homologue Sigmar Gabriel.

Les shows «technologiques» de Las Vegas et Los Angeles, et surtout Londres, où il etait pour y vanter de nouveau la «French Tech». Il s'y trouvait déjà, pour inviter les banquiers de la City à regarder de ce côté-ci du channel. De quoi le diaboliser encore plus à gauche: «*Il est le premier VRP de l'Hexagone, assène son biographe Marc Endeweld dans L'Ambigu Monsieur Macron (Ed. Flammarion). Tous les grands patrons étrangers invités à l'Elysée parlent de lui comme le dépositaire de la marque France.*»

Les influents caciques Claude Bébéar (Axa), Marc Ladreit de Lacharrière ou Henry Hermand bétonnent donc, dans le gotha hexagonal, son discours sur la nécessité de retrouver «*un capitalisme français d'entrepreneurs et non de managers*». Alors que le banquier Serge Weinberg, l'influente consultante Sophie de Menthon, l'ancien ministre et patron d'Athos Thierry Breton ou le PDG d'Orange Stéphane Richard compensent ses inimitiés avec le PDG de Renault Carlos Ghosn ou avec Martin Bouygues.

Les bus Macron

«Les bus Macron», comme les «Dimanches Macron» sont désormais en France deux expressions usuelles, issues du même texte qui a aussi permis d'étendre l'ouverture commerciale dominicale: «*Un ministre qui peut, en moins de deux ans, associer son nom à une action concrète qui change la vie des gens, c'est un capital unique. Rien que pour cela, le nom de son mouvement «En Marche» est bien choisi*», reconnaît Jean-Christophe Lagarde, le leader du parti de centre droit UDI.

Emmanuel Macron, lui, ne prend pas le bus et fait, depuis deux ans, de la politique en mode TGV et numérique. Coté industrie, un objectif: amener en France les usines 4.0 de demain, sur lesquelles mise l'Allemagne. Coté numérique, une ambition: faire de la «French Tech» et de ses porte-drapeaux comme Blablacar une marque mondialisée.

La «Macron-semaine» typique ressemble, elle, plus à celle d'un réformateur-négociateur-pédagogue-médiatique, qu'à celle d'un redresseur de plans sociaux. Passé par la banque d'affaires chez Rotschild, enrichi très tôt pour avoir bien négocié la revente d'une filiale de Pfizer au suisse Nestlé, le bientôt quadragénaire amateur de philosophie aime plus les flux que les stocks. Sans illusion sur les aléas sociaux de la disruption numérique. Quitte à parler trop vite, comme il le fit à ses débuts ministériels en traitant «d'illettrées» des ouvrières bretonnes auxquelles il présenta par la suite ses excuses.

Le «social-libéral» Manuel Valls espérait incarner la relève.Sans expérience du secteur privé et de ses soutes technologico-financières. La «Macron Touch» est à l'opposé. Prompt à rappeler qu'il n'a jamais été encarté au PS, tout en réaffirmant sa fibre «sociale». En transgression lorsqu'il dit, comme la frondeuse Christiane Taubira, son malaise sur la déchéance de nationalité.

Témoin, en 2007 du mariage d'Emmanuel Macron avec Brigitte Trogneux, son ex-prof de français au lycée, de vingt ans son aînée, ce très proche de l'ancien premier ministre Michel Rocard est dans les coulisses de l'opération

«En Marche». A la croisée des réseaux sociaux-démocrates et de la nébuleuse patronale française où son protégé a, outre ses relais du côté des «tycoons» numériques, d'influents alliés tels Claude Bébéar, l'ex-patron d'Axa, Thierry Breton, le patron d'Atos qui fut ministre des Finances, ou Clara Gaymard, l'ex-patronne de General Electric France dont l'époux dirigeait le cabinet du ex-candidat Alain Juppé.

Réseaux

Lorsqu'il était secrétaire général adjoint à l'Elysée, Macron a ainsi su se faire apprécier de certains poids lourds du gouvernement sans être du sérail politique. Il a notamment tapé dans l'œil de Manuel Valls, qui avait déjà proposé au président de le nommer au Budget lors du remaniement d'avril. Les deux hommes ne se connaissaient pas avant 2012. Mais leurs lignes économiques sont proches et ils partageaient le même agacement à l'égard du fonctionnement de Matignon sous Jean-Marc Ayrault.

Macron s'entend aussi très bien avec Bernard Cazeneuve, passé du Budget à l'Intérieur, et avec Laurent Fabius, le patron du Quai d'Orsay, qu'il a connu en 2009 lors d'un voyage au Chili, au Forum du progressisme, pour le compte de la Fondation Jean-Jaurès. En revanche, ses rapports avec le ministre des Finances Michel Sapin, autre fidèle de François Hollande, ne sont pas exempts de rivalités.

Mais c'est surtout au sein des cabinets ministériels et de l'administration que le réseau Macron est le plus étendu. Jeune inspecteur des finances, il multipliait déjà les petits déjeuners informels, nouait des contacts avec les cabinets de droite et les directeurs de Bercy. A l'IGF, il se lie d'amitié avec Pierre Heilbronn, un autre protégé de Jouyet, qui est aujourd'hui directeur adjoint du cabinet de Michel Sapin aux Finances. Plus récemment, durant la campagne de 2012, Macron s'est aussi rapproché de l'économiste de l'Insee Sandrine Duchêne, qui l'a ensuite suivi à l'Elysée avant de devenir directrice adjointe du Trésor.

Aux contacts noués à Bercy, il faut ajouter les petits camarades de la fameuse promo Sédar Senghor de l'ENA, au sein de laquelle Macron était assez populaire. Avant le remaniement, on en comptait pas moins de treize dans les cabinets ministériels, dont cinq directeurs de cabinet. Le ministre est surtout proche des "académiciens", ce petit groupe de potes qui avaient l'habitude de s'encanailler à L'Académie de la bière, un bar de Strasbourg.

Gaspard Gantzer est le plus connu d'entre eux depuis qu'il est devenu le conseiller communication de Hollande à l'Elysée. Trois autres travaillent auprès d'Anne Hidalgo, dont Mathias Vicherat, son directeur de cabinet. Une connexion précieuse, la mairie de Paris étant devenue le principal vivier de recrutement des cabinets socialistes. Il y a enfin Aymeric Ducrocq, en charge de l'industrie à l'Agence des participations de l'Etat dont Macron a désormais la tutelle. Les deux amis ont notamment travaillé ensemble sur le dossier Alstom.

A quelques rares exceptions près - Gérard Collomb, le maire PS de Lyon -, les soutiens politiques d'Emmanuel Macron restent inconnus du grand public. En marche revendique une quarantaine de parlementaires (*notamment les députés Richard Ferrand et Arnaud Leroy*), tous à gauche, et une centaine d'élus locaux.

L'ancien locataire de Bercy, qui souhaite aller au-delà des clivages gauche-droite, n'a pas encore recruté massivement de l'autre côté de l'échiquier politique. Renaud Dutreil, ancien ministre de Jacques Chirac devenu chef d'entreprise, lui a apporté son soutien, dans une tribune à «L'Opinion».

A peine avait-il démissionné qu'Emmanuel Macron recevait aussi des signaux positifs des centristes. « *il est au centre gauche, nous au centre droit, nous avons vocation à nous parler. Il y a plus de points communs dans le discours qu'il tient depuis deux ans avec nous qu'avec Aubry, Montebourg ou Hamon*», a déclaré le leader de l'UDI, Jean-Christophe Lagarde, dans « Le Parisien ». Les radicaux de gauche voient également sa démarche d'un oeil bienveillant.

En raison de sa démission, Emmanuel Macron a dû annuler sa participation à l'université du Medef mercredi, mais son absence sera excusée. Le fondateur d'En marche bénéficie d'un très fort soutien des patrons, que son discours libéral sur l'économie séduit. Entre son bref séjour à la banque Rothschild, ses deux années à l'Elysée, où il avait en charge les dossiers économiques, et ses deux années à Bercy, il a su se tisser un solide réseau.

Le premier cercle, ceux qu'il voit régulièrement, comprend le fondateur de Meetic, Marc Simoncini, Gaël Duval (JeChange.fr), Axelle Tessandier, qui a créé une start-up aux Etats-Unis et a lancé le meeting d'En marche le 12 juillet dernier, Ludovic Le Moan (Sigfox) et Frédéric Mazzella (BlaBlaCar).

Mais de Claude Bébéar à Xavier Niel, en passant par Saïd Hammouche, ils sont très nombreux à regarder d'un oeil favorable sa démarche et ses projets. Au risque pour lui de passer, aux yeux de l'opinion publique, pour un homme acquis à leur cause.

La garde rapprochée

Henry Hermand (*aujourd'hui décédé*) est devenu un ami intime. Après avoir par le passé soutenu Pierre Mendès-France et Michel Rocard, cet homme qui a fait fortune dans les supermarchés, a mis le pied à l'étrier d'Emmanuel Macron, qu'il a rencontré en 2002. Persuadé que si Emmanuel Macron veut devenir Président, c'est en 2017 ou jamais.

Il a dévoilé le projet de constitution imminente d'une association de soutien avec appel de personnalités et site Internet. L'idée : créer un mouvement d'opinion et mettre le ministre de trente-huit ans sur orbite pour *«la présidentielle»* de 2017! Les locaux d'HH Développement, situés dans le cossu 8ᵉ arrondissement de Paris, devaient accueillir cette start-up politique.

Henry Hermand fait partie des nombreux parrains du ministre de l'Economie. Mais lui est crédité d'une double originalité au sein de ce club sélect: il fut sans doute le premier et il était, jusqu'à présent, le plus discret.

Emmanuel Macron n'a pas vingt-cinq ans lorsqu'ils font connaissance en 2002 lors d'un déjeuner donné par le préfet de l'Oise: l'énarque est en stage à la préfecture, et Henry Hermand, natif du département, y a créé la plus grande zone commerciale de Picardie à Saint-Maximin. Pourtant, ce n'est pas l'économie qui les rapproche, mais la philosophie.

Celle de Paul Ricoeur, que les deux hommes ont connu à des époques différentes, et leur intérêt commun pour la revue "Esprit". Plus tard, l'entrepreneur présentera Michel Rocard à son protégé et sera son témoin de mariage. *«Il trouvait que mon passé était intéressant et je trouvais sa culture exceptionnelle"*, raconte Henry Hermand. La capacité d'Emmanuel Macron à susciter une affection quasi-filiale chez de puissants aînés est connue. Celle d'Henry Hermand à s'impliquer politiquement au côté de son activité entrepreneuriale est une constante de sa longue vie.

Chez cet homme qui a fait fortune dans l'immobilier commercial, l'engagement a même précédé les affaires. Il prend racine dans la Seconde Guerre mondiale. Dans sa petite ville de Clermont (Oise), il assiste à l'exécution en pleine rue d'un voisin résistant par la Gestapo. *«S'il faisait comme nous, s'il s'occupait de ses affaires, ça ne lui serait pas arrivé. "* Cette réflexion d'un autre voisin sert de déclic. L'indignation devient rébellion et l'étudiant en prépa scientifique à Janson-de-Sailly rejoint en 1944, contre l'avis de son père, un réseau de résistance.

Le temps de chercher des terrains d'atterrissage pour les alliés dans l'Oise, de voir plusieurs de ses camarades arrêtés et de passer plusieurs mois à se cacher. A la Libération, il n'aspire qu'à une chose : quitter Clermont, *«un pays étroit voué à la grisaille d'une vie sans éclat»*, se libérer du conservatisme et de l'attentisme qui a baigné son enfance. Ce sera, pour quelques années, le

Commissariat à l'énergie atomique dirigé par Frédéric Joliot-Curie et, surtout, le bouillonnement intellectuel du Paris d'alors.

La France est à reconstruire, donc à réinventer. Son éducation catholique, sa découverte du personnalisme d'Emmanuel Mounier et un premier voyage en Pologne le tiennent à distance du communisme. Trop attaché à sa liberté et à celle des autres. Il anime des cercles de réflexion, manifeste, et signe des articles dans «La Quinzaine» ou «L'Observateur", dirigé par son grand ami Gilles Martinet, résistant, homme de plume et d'idées et futur fondateur du PSU.

Aux côtés de celui qui apparaît comme un mentor, le fondateur d'En marche s'appuie sur une équipe restreinte de fidèles pour son mouvement. Le premier est Julien Denormandie, ancien directeur adjoint de cabinet d'Emmanuel Macron à Bercy. Il règne sur l'organisation du mouvement. Deux autres transfuges du cabinet de Macron à Bercy ont rejoint En marche : Ismaël Emelien, son ancien conseiller communication, et Stéphane Séjourné, son ancien conseiller parlementaire.

La garde rapprochée comprend aussi Pacôme Rupin, adjoint PS au maire du 4e arrondissement de Paris, et Ludovic Chaker, qui avait tenté sa chance (comme candidat indépendant) aux législatives de 2012. Tous sont jeunes - moins de quarante ans - et «prêts à tout pour lui», assure un proche.

Les parlementaires

Même si Emmanuel Macron n'a pas fait «l'école du parti», comme on dit au PS, les parlementaires socialistes ne sont pas tous des inconnus pour lui. Ainsi a-t-il fait la connaissance, durant la primaire socialiste, du député de l'Ardèche Pascal Terrasse. Après l'élection, ce dernier propose de lui faire rencontrer «des parlementaires». Un petit groupe de «réformistes» est mis sur pied par l'élu de l'Ardèche, lui-même très pro-entreprises.

Un premier dîner est organisé à l'Elysée autour de Macron. Jean-Marie Le Guen (à l'époque député de Paris), Jean Besson (sénateur de la Drôme), Jean-Pierre Caffet (sénateur de Paris), Christophe Caresche (député de Paris), Gérard Collomb (maire de Lyon), Marc Goua (député du Maine-et-Loire) et Gilles Savary (député de Gironde) sont reçus à plusieurs reprises par le secrétaire général adjoint de l'Elysée. Pour des dîners menés à bâtons rompus, où il est uniquement question de politique économique. «C'est là qu'a germé l'idée du pacte de responsabilité», affirme Pascal Terrasse. Ce dernier se réjouit évidemment de la nomination du conseiller à Bercy. «C'est un challenge pour lui, estime-t-il: à ce poste, il n'est rien sans Michel Sapin et Christian Eckert. C'est un triptyque qui doit fonctionner»

Les experts et intellectuels

Pour nourrir sa réflexion, préparer son projet, Emmanuel Macron soigne ses réseaux et s'entoure de nombreux experts. Il y a d'abord Laurent Bigorgne, directeur de l'Institut Montaigne, appelé à jouer un rôle central dans la construction et la coordination du programme. D'autres personnalités sont proches comme Thierry Pech, qui a précisé ne pas travailler pour En Marche mais reconnaît une *«proximité intellectuelle»* avec Emmanuel Macron, ou encore l'économiste Philippe Aghion.

Du côté de la fondation Jean-Jaurès, proche du PS, son directeur général, Gilles Finchelstein, est également séduit par l'ancien locataire de Bercy. Et puis, il y a tous ceux dont les noms n'apparaissent pas. Ils fournissent Emmanuel Macron en notes, le rencontrent, mais restent dans l'anonymat. L'autres ont pris un peu le large, comme Jean Peyrelevade, ancien président du Crédit Lyonnais.

Agence LMP

C'est d'ailleurs l'une des raisons pour lesquelles Emmanuel Macron a créé le mouvement En Marche afin de fédérer toutes les bonnes volontés. Cinq mois après son lancement, il comptait environ 60.000 adhérents. Ce qui est beaucoup pour un si jeune mouvement. Cette réussite ne vient pas de nulle part, elle est l'œuvre de l'agence LMP spécialisée en stratégie électorale. Les trois cerveaux qui l'ont créé, Guillaume Liégey, Arthur Miller et Vincent Pons, ont fait une partie de leur étude à Harvard. Le second a participé à la campagne victorieuse de Barack Obama en 2008. Et en 2012, ils ont œuvré tous les trois au succès de François Hollande.

Ces trois trentenaires ont à présent mis leurs compétences au service d'Emmanuel Macron, qui a bien compris le bénéfice qu'il en pouvait tirer. Le grand porte à porte organisé dans toute la France au printemps et l'établissement d'un diagnostic du pays à partir d'un questionnaire; c'est eux.

BFM TV

Après avoir racheté SFR en 2014, Patrick Drahi a racheté NextRadio, propriétaire de BFM TV, en 2015. L'ensemble, appelé Altice Media, est fusionné par Mourad avec SFR en 2016. Il comporte d'autres titres bien connus comme *l'Express* qui, lui non plus, ne ménage ni son temps ni sa peine pour donner une bonne image de Macron.

Un patron de presse qui soutient massivement un candidat à la présidentielle jusqu'à lui faire occuper la une de tous ses titres en disant du bien de lui. L'histoire du rachat de SFR par Drahi mérite qu'on s'y arrête de près. Lorsque Drahi présente sa candidature au rachat, il entre en concurrence avec Bouygues. Montebourg est alors ministre de l'Economie et s'oppose à la candidature de Drahi.

«Numericable a une holding au Luxembourg, son entreprise est cotée à la Bourse d'Amsterdam, sa participation personnelle est à Guernesey dans un paradis fiscal de Sa Majesté la reine d'Angleterre, et lui-même est résident suisse! Il va falloir que M. Drahi rapatrie l'ensemble de ses possessions, biens, à Paris, en France. Nous avons des questions fiscales à lui poser!» disait à l'époque Montebourg.

Et puis Montebourg, à la rentrée 2014, est viré du gouvernement. Et puis Macron lui succède. Et puis BFM TV nous apprend un jour que Macron vient d'autoriser discrètement le rachat de SFR par Drahi. Le 28 octobre, le ministre de l'Économie a discrètement donné son feu vert à l'opération. Ce feu vert était nécessaire suite au décret sur les investissements étrangers, signé le 14 mai dernier par Arnaud Montebourg justement. Ce décret soumet à l'approbation de Bercy tout rachat dans les télécoms.

Ces petites histoires, évidemment, tout le monde les connaît, et elles ne devraient pas tarder à jouer un vilain tour à Macron. Celui-ci va très vite devenir un puissant gêneur. Dans le cas des soutiens très voyants accordés à Macron par les titres de Drahi, il ne s'agit plus seulement de maladresse. Il s'agit d'une véritable provocation, que ses adversaires ne tarderont pas à torpiller. Macron a beaucoup fricoté avec les milieux d'affaires. Jouer, aujourd'hui, aux parangons de la rupture va constituer un exercice véritablement difficile à mener.

Pour muscler son staff, l'ex-ministre de l'Économie a fait appel à Bernard Mourad, qui a accompagné Patrick Drahi dans la constitution de son empire télécoms. Cet ancien banquier de Morgan Stanley "interviendra comme conseiller et ne percevra aucune rémunération de la part du mouvement". Il "ne figurera pas dans l'organigramme" mais "apportera au mouvement sa connaissance des milieux d'affaires, et sera notamment actif dans la levée de fonds", précise l'entourage d'Emmanuel Macron.

Les amateurs d'entrefilets à signaux faibles ont évidemment noté cette information passée inaperçue début octobre: Patrick Drahi, homme d'affaires sulfureux, surendetté et très influent pèse de tout son poids dans la campagne du jeune Macron. Il lui a même délégué l'un de ses meilleurs colonels : Bernard Mourad.

Bernard Mourad, le patron d'Altice Media Group va abandonner ses fonctions dans les prochains jours pour rejoindre l'équipe de campagne d'Emmanuel Macron comme conseiller spécial. Ce proche de Patrick Drahi a choisi de démissionner pour éviter tout conflit d'intérêt dans ses nouvelles missions auprès de l'ex ministre de l'Economie, un ami de plus de 15 ans.

Son arrivée structure le mouvement «En Marche!», lancé en avril dernier par Emmanuel Macron, pour le transformer en véritable parti politique. Bernard Mourad sera plus spécifiquement en charge des questions et relations avec les sphères économiques. Cet ancien banquier d'affaires devrait également apporter une aide précieuse, grâce à ses réseaux, dans la recherche de financements pour la campagne présidentielle.

Auparavant directeur général de Morgan Stanley à Paris, Bernard Mourad s'est fait connaître pour avoir épaulé Patrick Drahi sur ses deals dans les télécoms, notamment le rachat de SFR, en 2014. Durant sa carrière de banquier d'affaires, il s'était également construit une solide réputation dans le secteur des médias en conseillant l'américain Hearst dans le rachat des magazine internationaux de Lagardère. Il avait aussi conseillé Mondadori dans l'acquisition d'Emap France et accompagné des fonds d'investissement pour la reprise d'une partie de Vivendi Publishing.

Jacques Attali

Une semaine après la «Une» de l'Express (*du Patrick Drahi*) avec une carte de l'Hexagone en chantier sous le titre choc «vingt défis pour la France», Emmanuel Macron est sorti du bois. Après la lecture du «dossier» Attali commenté par Christophe Barbier dans l'Express, Macron est sorti du bois pour confirmer en creux que le programme d'Attali est écrit pour lui.

Macron (*à Amiens*) a parlé devant 350 personnes en tenant les journalistes à l'écart de cette rencontre qui se voulait «citoyenne». Sauf que BFMTV avait le son et l'image en continu. La chaîne d'info avait même eu le temps de préparer un sondage sur mesure nous indiquant que pour la prochaine élection présidentielle Emmanuel Macron était le candidat de «gauche» le plus désiré des électeurs français. Il était le préféré de 48% de nos compatriotes, devant Nicolas Hulot à 44%, Manuel Valls à 42%, le pauvre François Hollande n'ayant que 20% d'opinions favorables.

Cela ne devrait pas être difficile au regard du projet de société que le « commando Attali», dixit Christophe Barbier, avait mitonné dans l'Express de la semaine dernière en «20 défis pour reconstruire la France». En complément d'un entretien avec le même Attali, Les Echos du 6 avril 2016 rappellent la mesure de classe la plus caractéristique de ce programme que nous avions mises en exergue lundi dernier : «*L'augmentation de 2 points de la TVA sur cinq ans, compensée par une baisse des impôts sur le revenu et sur les cotisations sociales*». Comme des millions de ménages modestes ne gagnent pas assez pour payer l'impôt sur le revenu, en payant 2% de plus de TVA sur l'achat de leur nourriture quotidienne, sur leurs achats de biens d'équipements, sur l'énergie et quantité d'autres factures, ils financeront par ce surcroît d'impôt indirect les baisses d'impôts directs consenties aux plus riches et même «la réduction d'un quart de l'impôt sur les sociétés» également proposé par Attali.

Mais dans l'Express, Christophe Barbier prévenait ses lecteurs : «*Jacques Attali et ses conjurés esquissent un portrait-robot de cet introuvable huitième président de la Vème république : «Le prochain président devra, plus qu'aucun autre, penser au long terme, sans se préoccuper de sa popularité , et encore moins d'une éventuelle réélection. Il ne doit pas chercher à plaire : les français méprisent les dirigeants faibles et respectent les hommes d'Etat*», disait donc le commando conduit par l'ancien toutou de François Mitterrand en quête permanente de visibilité médiatique .

Le rédacteur final du rapport Attali remis à Sarkozy en 2008 était Emmanuel Macron. Le premier homme politique à faire la couverture de la nouvelle formule de l'Express en 2016 était Emmanuel Macron. Tout permet de penser que Attali travaille déjà pour lui au cas où.

Cela étant, la manière dont fonctionnent aujourd'hui des publications comme l'Express, racheté récemment par Patrick Drahi, a quelque chose d'inquiétant. Imanche, Jacques Attali n'a pas voté à la primaire de gauche: "*Je reste dans ma ligne démocratique simple: je vote pour un programme et non pour une personne*", a-t-il expliqué à Léa Salamé qui l'a interviewé pour GQ.

À Léa Salamé qui lui demande si Emmanuel Macron est une bulle, Attali répond, tout en sous-entendus: "*C'est quelqu'un qui pourrait choisir d'être une bulle s'il pensait - et ça, je n'ai pas encore la réponse - cyniquement que pour être élu, il vaut mieux ne pas avoir de programme, ne pas avoir d'idées, surfer sur les choses, être le meilleur candidat de la gauche mais aussi le meilleur candidat de la droite.*" Soufflant le chaud et le froid, il pense que Macron "*a tous les talents pour être un homme d'Etat.*" Les deux hommes, de toute façon, auront l'occasion d'en reparler puisque Jacques Attali confie aussi à GQ "*être extrêmement proche (de Macron), on se parle tout le temps.*"

JP Jouyet

Jean-Pierre Jouyet succède à Pierre-René Lemas comme secrétaire général de l'Élysée en 2014. Inspecteur général des finances, directeur général de la Caisse des dépôts et consignations depuis 2012, Jean-Pierre Jouyet est surtout un vieux complice de François Hollande, qu'il a connu à l'ENA au sein de la fameuse «promo Voltaire».

C'est également un proche d'Emmanuel Macron qui etait secrétaire général adjoint de la présidence de la République. Symbole d'une certaine continuité du pouvoir en place, Jean-Pierre Jouyet, très pro-Union européenne et membre du club Le Siècle, fut secrétaire d'État sous Nicolas Sarkozy.

Jean Pierre Jouyet est né le 13 février 1954 à Montreuil-sous-Bois (Seine-Saint-Denis). Fils d'un notaire installé en province, il est titulaire d'un DEA de droit public, diplômé de Sciences Po Paris, et de l'ENA, où il sympathisa avec François Hollande. À tel point que quand ce dernier arriva 8e à la sortie, et Jouyet 9e, Hollande lui laissa la dernière place disponible pour l'Inspection des finances.

En 1983, il devient rapporteur général de la mission d'études des mesures de simplification en matière fiscale au Conseil des impôts, puis chef du bureau et, en février-mai 1988, sous-directeur chargé des questions relatives à la TVA. De 1988 à mai 1991, il dirige le cabinet de Roger Fauroux (Industrie et aménagement du territoire). Il sera ensuite directeur adjoint (1991-1994), directeur du cabinet de Jacques Delors, président de la Commission des communautés européennes.

Avec son vieux complice François Hollande, il a lancé et présidé le club Démocratie en 2000. Il a été chef du service de l'inspection générale des finances (2005-2007) puis secrétaire d'État chargé des affaires européennes auprès du ministre des Affaires étrangères, Bernard Kouchner, sous la présidence de Nicolas Sarkozy. Il a ensuite pris la présidence de l'Autorité des marchés financiers (2008-2012) avant de diriger la BPI (Banque publique d'investissement).

Fasciné par De Gaulle, ce catholique pratiquant a fait la campagne de Jacques Chaban-Delmas en 1974 avant de se rapprocher des cercles deloristes. Son frère Michel est conseiller général UMP d'Écos, dans l'Eure, et a parrainé Jean-Marie Le Pen à l'élection présidentielle de 2002. Membre du club Le Siècle depuis le début des années 90, Jean-Pierre Jouyet a épousé en secondes noces Brigitte Taittinger, PDG des parfums Annick Goutal.

Affaire Fillon

Il est au centre de l'affaire qui ébranle François Fillon. Jean-Pierre Jouyet, actuel secrétaire général de l'Elysée, a revélé au journal *Le Monde* que l'ancien premier ministre aurait demandé d'intervenir pour accélérer les procédures judiciaires visant Nicolas Sarkozy. Après un démenti, il a fait marche arriere, concédant qu'il s'est bien entretenu avec François Fillon sur des sujets comme Bygmalion et les pénalités de campagne de l'ancien président.

François Hollande et Jean-Pierre Jouyet se ressemblent beaucoup. Ils ont le même caractère et la même façon de fonctionner avec leur entourage. Et leur lien n'a jamais été rompu, ils ont toujours été en contact direct.

Son passage à l'Autorité des marchés financiers (AMF), qu'il a quittée avant la fin de son mandat, reste marqué par la crise financière et européenne, contre laquelle il s'est battu, notamment en interdisant un temps certaines techniques spéculatives, comme les ventes à découvert.

Malgré sa participation à un gouvernement de droite, il n'a jamais cessé de revendiquer son amitié pour l'actuel président, sans pour autant entrer dans le gouvernement de Jean-Marc Ayrault. A ses amis de gauche qui lui reprochaient sa participation au gouvernement Fillon, il avait assuré qu'il ne faisait que mettre une fois de plus sa compétence au service de la cause européenne.

Des allers-retours qui passent mal en politique. "*Après avoir été mis dans une cage dorée pendant quelques temps, revoilà l'oiseau qui vient se percher sur la tête du chef*", lâche à son propos Jean-Luc Mélenchon lors de sa nomination à l'Elysée. "*Un symbole de l'UMPS*", estime aujourd'hui Marine Le Pen.

Nombre de ministres socialistes voient d'ailleurs en Jean-Pierre Jouyet "*un personnage intrigant*" qui "*manipule tout le monde*", selon un membre de l'exécutif. Ils lui reprochent ainsi d'entretenir des relations "troubles" avec la droite. D'où le caractère explosif des révélations de son déjeuner avec François Fillon.

Affaire Penelope Fillon

"Cette opération ne vient pas de chez nous, pas de notre camp. Cette affaire vient du pouvoir", a balancé Fillon, mercredi 1er février 2017. Le candidat LR à la présidentielle a aussi dénoncé une *"tentative de coup d'État institutionnel"* venu de *"la gauche"*. Ses soutiens partagent évidemment ce point de vue. Et les plus fervents balancent même ouvertement - et sans la moindre preuve évidemment - les noms de ceux qui font, selon eux, partie du complot.

Ce sont donc les députés LR Éric Ciotti et Bernard Debré qui citent, pêle-mêle et sur la base de vagues *"suspicions"* ou simples déductions, Jean-Pierre Jouyet, François Hollande, Emmanuel Macron ou encore l'ancien juge et président de la Haute autorité pour la transparence de la vie publique Jean-Louis Nadal comme grands organisateurs de cette chasse à l'homme.

"Les éléments qui sortent, les contrats, les chiffres, qu'ils soient dans le domaine privé ou dans celui de l'Assemblée nationale, du Sénat, il y a qu'un lieu où tous ces éléments sont recensés de façon exhaustive : c'est à Bercy. C'est à Bercy. Voilà. Donc après. Il y a en tout cas les déclarations de revenus de façon exhaustive sur toutes les années, bien entendu. [...] Ça veut dire que le pouvoir en place a la capacité de disposer de ces éléments et on voit bien que c'est une possibilité. Si on converge, si on rapproche ces deux éléments - à qui profite le crime et qui dispose des éléments pour commettre le crime - vous avez déjà des indices pour mener l'enquête.

"Emmanuel Macron est très proche de l'actuel président de la République, du secrétaire général de l'Élysée qui a fait monter monsieur Macron. Le secrétaire général de l'Élysée, c'est monsieur Jouyet. Moi je le dis très clairement, ce sont des faits. Monsieur Macron n'est pas éloigné de ce pouvoir, au contraire, il bénéficie, au sein de l'appareil d'État, d'un soutien très important. Nul n'ignore que monsieur Jouyet a été un acteur majeur dans la montée en puissance de monsieur Macron. Et nul n'ignore, aussi, l'opportunisme légendaire de monsieur Jouyet, qui a été jusqu'à être ministre de Nicolas Sarkozy avant d'être secrétaire général [de l'Élysée] de François Hollande et d'être un soutien de monsieur Macron.

Bernard Debré, sur Public Sénat et Radio Classique, il affirme qu'une "officine" est derrière tout ça, même s'il ne "sait pas laquelle".

Bernard Debré: *"On n'a pas de preuve, mais on sait tr..."*
Journaliste : *Alors pourquoi avancer que c'est une officine ?*
Bernard Debré: *"Parce qu'on est en train de chercher et qu'on a des*

suspicions. Ces suspicions, c'est monsieur Nadal, qui a été nommé par le gouvernement, c'est monsieur... euh... un conseiller de François Hollande qui est là pour ça. On le sait bien ! Voilà."

Journaliste : *Ça profite à qui ?*

Bernard Debré: *Bah à la gauche, à qui voulez-vous que ça profite ? Ça profite à monsieur Macron, c'est évident. Quand l'affaire a commencé, on pouvait imaginer entre Hamon et Valls, l'un des deux. Alors ça profitera pas beaucoup à Hamon mais ça profitera à...*

Journaliste: *Tout est monté depuis l'Élysée ?*

Bernard Debré: *Ah bah j'en suis absolument persuadé, persuadé ! Qui voulez-vous qui monte ça, qui voulez vous qui ait ces informations ?*

Sur RFI, le député LR et conseiller politique du candidat, Eric Woerth, a quant à lui tout simplement demandé au *Canard enchaîné* de dévoiler sa ou ses sources. Voilà ce qu'a déclaré l'ancien ministre

Journaliste: *Qui a lancé cette boule puante?*

Eric Woerth: *Je n'en sais strictement rien (…)*

Journaliste: *Ça ne peut pas venir de l'intérieur du parti?*

Eric Woerth: *Non, bien sûr que non. Quelle idée aurait quelqu'un des partis de la droite et du centre de vouloir affaiblir voire tuer son propre candidat? On ne va pas jouer à ce jeu-là, on n'est pas là pour essayer de savoir de qui ça vient. Je pense que ça se saura à un moment donné. Je pense aussi que la presse de temps en temps doit pouvoir accepter d'ouvrir ses propres sources pour dire du début jusqu'à la fin comment les choses se sont passées.*

Journaliste: *Ça vous intéresserait que le Canard enchaîné nous dise dans la livraison de demain 'écoutez, l'info nous est arrivée de telle personne' ?*

Eric Woerth: *Evidemment, c'est à lui de le faire. Personne ne peut le forcer, on est dans une démocratie et les sources journalistiques doivent être protégées. Je suis pour une presse parfaitement libre. Je dis qu'à un moment donné, au fond, pourquoi protéger sa propre source? Jouons cartes sur table sur cette affaire. On est à trois mois de l'élection présidentielle. Ce n'est pas une histoire comme les autres alors jouons cartes sur table et tout le monde doit jouer cartes sur table.*

Le 6 octobre 2016, le Parlement français avait adopté une proposition de loi sur l'indépendance et le pluralisme des médias. Le texte visait notamment à une meilleure protection des sources des journalistes. Il modifiait la loi de 1881 sur la presse et la loi Dati de juillet 2010 et étendait aussi la protection du secret des sources à tous les collaborateurs de la rédaction.

MEDEF

Il y jouait le rôle d'intermédiaire avec les patrons. Il était l'un des rares à comprendre nos attentes, nos préoccupations et à passer les messages au président. Emmanuel Macron a tissé des relations directes et privilégiées avec plusieurs poids lourds du CAC-40. Ainsi, connaît-il très bien Pierre Pringuet, le Directeur général de Pernod Ricard, par ailleurs à la tête depuis 2012 de la puissante Association française des entreprises privées (Afep), qui regroupe les principaux groupes du CAC-40. Le contact entre les deux hommes est extrêmement fluide et quasi permanent, à tel point que François Hollande a participé à plusieurs reprises à des dîners privés organisés par l'Afep.

Côté Medef, c'est surtout avec Geoffroy Roux de Bézieux, vice-Président de l'organisation patronale, qu'Emmanuel Macron entretient une relation de confiance. Les deux hommes se sont connus dans le cadre de la commission Attali.

Cette commission pour la libération de la croissance, dont Emmanuel Macron était le rapporteur, en 2008, est le deuxième réseau pour expliquer son parcours. C'est là que s'est jouée sa carrière de banquier, grâce à sa rencontre avec Peter Brabeck, le PDG du groupe Nestlé, qui fut membre de cette commission.

Séduit par le jeune garçon, le patron suisse a décidé de faire de Rothschild sa banque d'affaire lorsqu'Emmanuel Macron l'a rejointe courant 2008. Ce qui a permis à Rothschild d'être banque conseil de Nestlé pour le rachat géant - 9 milliards d'euros - de Pfizer Nutrition, ayant assuré au futur ministre de l'économie un confortable bonus.

Troisième réseau moins connu mais qui sera clef dans les prochaines semaines: il possède de solides entrées dans les syndicats. Des relais capables de lui faire remonter les ambiances, sentiments, revendications sociales. Il est notamment un intime de Pierre Ferracci, le patron du groupe Alpha, et expert influent du social, qui lui aussi faisait partie de la commission Attali. Ce chef d'entreprise qui n'a jamais caché sa proximité avec la CGT assure «avoir vu grandir Emmanuel», qui a fait une partie de ses études avec son fils.

Autre «référence» avec laquelle il a su entretenir des contacts réguliers, Raymond Soubie, l'ancien conseiller social de Nicolas Sarkozy avec qui il partage la passion de l'Opéra – Emmanuel Macron a été 3e prix du conservatoire d'Amiens. Dans le cadre de la commission Attali, Emmanuel Macron a aussi eu l'opportunité de travailler avec Jean Kaspar, ancien secrétaire général de la CFDT, aujourd'hui consultant influent dans nombre de plans sociaux, et avec Michel de Virville, chargé par le gouvernement de plancher sur le compte pénibilité.

Les économistes

A l'extérieur de l'Etat, c'est surtout grâce à la commission Attali qu'il a pu développer ses réseaux auprès des patrons et des économistes, comme Philippe Aghion, fervent défenseur d'une politique de l'offre. Ensemble, ils ont monté le groupe dit de "La Rotonde" chargé d'alimenter le programme de Hollande, rassemblant des technos et les économistes Elie Cohen, Gilbert Cette et Jean Pisani-Ferry. Déjà, ils prônaient un véritable choc de compétitivité. Mais, à l'époque, Michel Sapin n'a pas retenu l'idée. Prudent, Macron n'a pas bronché.

Après les élections, trois rencontres avec Hollande suivront. Macron s'en sert pour faire passer des messages. En août 2013, il encourage ainsi les économistes à sensibiliser le président à la surtaxation des entreprises françaises et à vanter les mérites de la fiscalité suédoise. Pisani-Ferry a d'ailleurs été nommé, avec son appui, commissaire général à la Stratégie et à la Prospective, rattaché à Matignon. Et, lorsqu'il quitte l'Elysée, c'est à Aghion que Macron demande de lui trouver un point de chute dans l'enseignement, à Harvard et à la London School of Economics.

Autre économiste qui compte : Marc Ferracci, un ami de Sciences-Po qui fut l'un de ses deux témoins de mariage, avec l'homme d'affaires Henry Hermand. Ce spécialiste du marché du travail a été convié à déjeuner à deux reprises à l'Elysée avec ses confrères Pierre Cahuc et Francis Kramarz, partisans d'une réforme drastique du paritarisme et des professions réglementées. Macron fréquente aussi régulièrement le père de Marc Ferracci, Pierre Ferracci, à la tête du groupe de conseil Alpha, très influent dans la sphère sociale, qui l'a mis en relation avec les principaux leaders syndicaux.

Dans l'ombre

Outre ces soutiens «dans la lumière», l'ancien ministre de l'Economie dispose, à ses côtés, d'une garde rapprochée totalement dévouée à sa cause. «Il a un fonctionnement très personnel », témoigne un cadre du mouvement. Ainsi, l'ancien banquier d'affaires a embarqué dans l'aventure En Marche! les plus éminents membres de son équipe à Bercy, en l'occurrence Alexis Kohler (qui doit néanmoins prochainement quitter le mouvement) et Julien Denormandie, respectivement ex-directeur de cabinet et directeur adjoint d'Emmanuel Macron. Ces deux hauts fonctionnaires ont l'oreille du fondateur d'En Marche! auquel ils distillent leurs conseils. De son côté, Grégoire Potton, ancien directeur de cabinet de Thierry Mandon à l'Enseignement supérieur, est davantage chargé de gérer les affaires courantes du mouvement, installé depuis fin septembre au 14e étage de la tour Montparnasse – un espace déjà devenu trop exigu pour les desseins d'Emmanuel Macron. Autre «conseiller de l'ombre» des plus influents, Ismaël Emelien, passé par Havas, «spin-doctor» et stratège en chef du futur candidat Macron.

Comme dans tout «parti politique qui se respecte», la coordination avec les élus afin de récolter les précieux parrainages dans la perspective de l'élection présidentielle échoit à Stéphane Séjourné, conseiller parlementaire. Le porte-parolat du mouvement est assuré par Benjamin Griveaux, tandis que les plumes Quentin Lafaix et David Amiel s'affairent également en coulisses.

Enfin, Sylvain Fort, ancien de BNP Paribas, verrouille la communication d'Emmanuel Macron, épaulé par Sibeth Ndiaye. Certains conseillers communiquant via l'application de messagerie instantanée ultrasécurisée « Telegram » dont les messages sont chiffrés, ce qui signifie que personne d'autre que leur expéditeur ou leur destinataire ne peut les lire.

Du côté des finances, c'est Christian Dargnat, ex-directeur de BNP Paribas Asset Management, qui est à la baguette et préside l'association de financement d'En Marche!. Le mouvement revendique officiellement 6 400 donateurs pour 2,7 millions d'euros récoltés, comme évoqué en préambule.

Le fondateur du mouvement se rend «quasi tous les jours» au QG où il consulte et reçoit beaucoup dans son bureau équipé de deux portes d'accès, permettant à ses visiteurs successifs de ne pas se croiser si besoin en était. Il a notamment reçu le conseiller spécial et intime de François Hollande, Bernard Poignant. Signe que les relations avec le président de la République, polaires durant la quinzaine qui a suivi son départ de Bercy, ne sont pas totalement rompues.

Les Vétérans

Cohn-Bendit

Daniel Cohn-Bendit, la figure emblématique de l'écologie politique a confié à la télévision publique suisse qu'il pourrait voter pour le leader d'En Marche car "*il est le seul pour l'instant qui puisse nous éviter un deuxième tour Fillon-Le Pen*"."*Ca fait longtemps que je dis que Macron est un phénomène qui va persister*", a-t-il ajouté dans une interview à la RTS. "*Je pourrais voter Macron, mais j'hésite car je suis aussi pour le candidat écologiste et comme c'est un copain en plus, c'est difficile*", a-t-il dit, candidat d'Europe Ecologie-Les Verts (EELV), mouvement dont Daniel Cohn-Bendit est le cofondateur.

Il explique l'ascension d'Emmanuel Macron dans les sondages par une "envie de renouveau, de nouvelles têtes, de nouvelles idées, l'envie de nouvelles personnalités surtout". "*Emmanuel Macron m'intéresse parce qu'il rassemble au-delà de la définition traditionnelle de la gauche et de la droite*", a-t-il poursuivi "*Il essaye d'anticiper l'avenir. C'est le seul qui fait un meeting avec 15.000 personnes où pendant 10 minutes, un quart d'heure, il fait acclamer l'Europe, le besoin d'Europe, le désir d'Europe. C'est en ça qu'il est très moderne.*"

Kouchner

Emmanuel Macron "fait naître l'espoir". C'est Bernard Kouchner qui l'affirme, dans un entretien accordé au "Parisien". "*S'il y a quelqu'un qui fait naître l'espoir, c'est bien lui. Un homme qui ouvre le jeu, qui ne dit pas de mal des gens par goût électoral*", souligne l'ancien ministre, plein d'enthousiasme. Pas sûr, en revanche, que Emmanuel Macron accueille cet éloge avec la même ardeur.

Co-fondateur de Médecins du monde et de Médecins sans frontières, l'ex-"French doctor" a certes longtemps bénéficié d'une forte popularité auprès des Français. Mais son image s'est brouillée ces dernières années. La faute à son entrée au gouvernement de Nicolas Sarkozy en 2007, lui qui était pourtant proche de la gauche et du PS. Taxé d'opportunisme, il a de plus quitté le Quai d'Orsay sur un bilan jugé très décevant.

Alors qu'Emmanuel Macron fait pour l'instant campagne en se revendiquant "ni de droite, ni de gauche", le parcours de Bernard Kouchner est donc plutôt celui d'un politique à la fois de droite et de gauche... Ministre des Affaires étrangères de Nicolas Sarkozy de 2007 à 2010, il fut auparavant ministre de la Santé sous des gouvernements socialistes au début des années 1990, puis au début des années 2000. En somme, un soutien qui incarne plutôt le passé et qui colle mal avec l'image de candidat "du renouveau", qui casse les "codes" politiques, qu'Emmanuel Macron s'efforce de se construire.

Alain Minc

Alain Minc va voter Macron. Il l'a annoncé dimanche 22 janvier 2017, dans les colonnes du "JDD". Parce qu'"*il est le seul candidat authentiquement européen*", explique l'essayiste et homme d'affaires, qui avait soutenu Alain Juppé lors de la primaire de la droite, il y trois mois. Un soutien qui n'a, à l'évidence, pas vraiment emballé le camp Macron.

Principal lieutenant du leader de En Marche!, Richard Ferrand a très rapidement réagi sur Twitter à cette annonce, en lançant quelques piques à l'homme d'affaires. Il faut dire, aussi, que ce soutien est embarrassant à plus d'un titre pour le camp Macron. Homme d'affaires, conseiller des puissants tout au long des années 1990, proche de Nicolas Sarkozy, de la droite et du patronat, Alain Minc colle peu avec l'image "anti-système" sur laquelle Emmanuel Macron cherche à faire campagne. C'est une figure qui peut être un repoussoir, notamment pour une partie des électeurs de gauche. Et susceptible de donner des munitions supplémentaires à ceux qui dénoncent le libéralisme d'Emmanuel Macron, sa proximité avec le monde des affaires et voient en lui le candidat des élites, à l'image de David Cormand, secrétaire national d'EELV, ou Florian Philippot, numéro 2 du FN.

www.ingramcontent.com/pod-product-compliance
Lightning Source LLC
Chambersburg PA
CBHW072030280526
45788CB00007B/2744